www.ingramcontent.com/pod-product-compliance
Lightning Source LLC
Chambersburg PA
CBHW071312220526
45468CB00001B/348
* 9 7 8 1 7 2 1 9 1 3 4 4 2 *